D1672395

GISELA BALTES

DEIN ENGEL DER

Weihnacht

Butzon & Bercker

Engel der Weihnachtsfreude

Der Engel der Freude begleite dich
durch die Weihnachtstage.
Freue dich
an Tannenbaum und Lichterglanz,
an Weihnachtsliedern, guten Wünschen,
an all den Zeichen der Zuneigung,
die wir uns Weihnachten schenken.
Und dann nimm diese Freude
und gib sie weiter an alle Menschen,
die dir begegnen.

Gisela Baltes

Gott
in unserer Tiefe

Die Botschaft von Weihnachten zeigt,
dass der „Blick nach oben"
genau der falsche ist,
wenn wir nach Gott suchen.
Es ist umgekehrt:
Wir empfangen den Besuch Gottes in
unserer Tiefe.

Marc Witzenbacher

Geburtstag
des Friedens

Der Friede hat seinen Ursprung
im Weihnachtsfest. Weihnachten heißt
Frieden schaffen, mit sich selbst und
mit anderen gleich nebenan.
Der Geburtstag des Herrn
ist der Geburtstag des Friedens.

Leo der Große

Mit der
Hoffnung leben

Es ist Weihnachten,
wenn alle bereit sind für das Fest.
Weihnachten heißt:
mit der Hoffnung leben.
Wenn Menschen sich
die Hände zur Versöhnung reichen,

wenn der Fremde
aufgenommen wird,
wenn einer dem anderen hilft,
das Böse zu meiden
und das Gute zu tun,
dann ist Weihnachten.

Weihnachtslied aus Haiti

Frieden

Der Engel des Friedens
erfülle dich mit Gelassenheit.
Er halte alle Hektik fern
und wache mit dir
über den Frieden des Weihnachtsfestes.
Harmonische Stunden
mit deinen Lieben
seien dir geschenkt,
gute Gespräche
voller Verständnis füreinander
und besinnliche Momente,
in denen du zur Ruhe kommst.

Gisela Baltes

Heiligste Nacht

Heiligste Nacht! Finsternis weichet,
es strahlet hienieden lieblich und
prächtig vom Himmel ein Licht.
Engel erscheinen, verkünden den
Frieden, Friede den Menschen,
wer freuet sich nicht!

Christoph Bernhard Verspoell

Schaut den Stern

Liebt den,
der vor Liebe brennet; schaut den Stern,
der uns gern
Licht und Labsal gönnet.

Paul Gerhardt

Gloria

Gloria sei dir gesungen
mit Menschen- und mit Engelzungen,
mit Harfen und mit Zimbeln schön.
Von zwölf Perlen sind die Tore
an deiner Stadt; wir stehn im Chore
der Engel hoch um deinen Thron.

Kein Aug hat je gespürt,
kein Ohr hat mehr gehört
solche Freude.
Des jauchzen wir und singen dir
das Halleluja für und für.

Philipp Nicolai

Weihnachtsstern

Folge dem Weihnachtsstern!
Zögere nicht!
Er kennt das Ziel.
Das Fest der Freude ist da.
Folge dem Weihnachtsstern!
Vertrau ihm!
Er zeigt dir den Weg. Durch Wüste und
Nacht führt er dich zur Krippe.
Folge dem Weihnachtsstern!
Freu dich!
Mach dich bereit!
Das Fest der Liebe ist da.

Gisela Baltes

FROHE WEIHNACHTEN • MERRY CHRISTMAS • BUON NATALE • FELIZ NAVIDAD • GOD JUL • JOYEUX NOEL
CHRISTMAS
CHRISTMAS
XII

Engel für andere

Zu Weihnachten wünsche ich dir
freundliche Gaben,
die mit Liebe und Fantasie
für dich ausgesucht wurden.
Ich wünsche dir selbst die Gabe, Liebe
und Freude weiterzugeben. Dann wirst
du zum Engel für andere.

Gisela Baltes

Über dir geht leuchtend
der Herr auf,
seine Herrlichkeit
erscheint über dir.
Völker wandern
zu deinem Licht
und Könige
zu deinem strahlenden Glanz.

Jesaja 60,2–3

Weihnacht

Eine einzige Kerze.
Wer nimmt die schon wahr?
Die Nacht ist so finster.
Doch zünde mit ihr
all die anderen an.
Dann vertreibst du das Dunkel!
Ein Funke Hoffnung.
Wer nimmt den schon wahr?
Die Verzagtheit ist groß.

Doch der Funke springt über
auf all die Verzagten
und macht ihnen Mut.

Ein einzelner Mensch – ich.
Wer nimmt mich schon wahr?
Viel zu viel ist zu tun.
Doch vielleicht …

Gisela Baltes

Die Botschaft
der Heiligen Nacht

Mitten im Dunkel der Zeit und
des Lebens, wo Sehnsucht ein Haus aus
Hoffnung baut, geht leise ein Engel über
die Erde, denen, die glauben, seit Kindheit
vertraut. Als Bote des Friedens, der Freude
verkündet all jenen, die allein und verlas-
sen sind, ohne Hütte und Heimat, trost-
arm, vergessen, er weiß um sie alle und
schickt sie zum Kind.

Luise Meuser

Führe du mich

Führe du, mildes Licht,
im Dunkel, das mich umgibt, führe
du mich hinan!
Einst war ich weit,
zu beten, dass du mich führtest.
Selbst wollt ich wählen.

Aber jetzt lass es vergessen sein.
Du hast so lang mich behütet, wirst mich
auch weiter führen: über sumpfiges Moor,
über Ströme und lauernde Klippen,
bis vorüber die Nacht
und im Morgenlicht Engel mir winken.
Ach, ich habe sie längst geliebt –
nur vergessen für kurze Zeit.

John Henry Newman

Weihnachtssegen

Der Engel der Weihnacht
begleite dich mit seinem Segen.

Er leuchte dir auf dem Weg
durch die Dunkelheit
und führe dich zur Krippe.

Dort begegne dir
unser menschgewordener Gott,
dessen Geburt wir feiern.

Er schenke dir und den Menschen,
die dir lieb sind,
ebenso der ganzen Welt,
Heil und Segen.

Gisela Baltes

Sternschnuppen

Ich wünsche dir
eine funkelnde Weihnacht
voller Sternschnuppen,
die ihren weiten Bogen
über den Himmel ziehen.
Nur einen Augenblick
siehst du sie aufleuchten.
Erfreu dich an ihnen
und wünsche dir was,
bevor sie verglühen!
Vielleicht zwinkert ein Engel dir zu
und erfüllt deinen Wunsch.

Gisela Baltes

An deiner Krippe

Ich steh an deiner Krippe hier,
o Jesu, du mein Leben;
ich komme, bring und schenke dir,
was du mir hast gegeben.
Nimm hin, es ist mein Geist und
Sinn, Herz, Seel' und Mut, nimm
alles hin und lass dir's wohl gefallen.

Paul Gerhardt

Der Engel der Weihnacht

Der Engel der Weihnacht
stärke deinen Glauben
und dein Vertrauen
in die Liebe Gottes
zu den Menschen,
die sich uns im Kind
in der Krippe gezeigt hat.

Gisela Baltes

Engel für dich

Zu Weihnachten
würde ich dir gern
ein paar gute Engel schicken:
einen, der dich behütet,
einen, der dir den Weg zeigt,
einen, der deine Wünsche erfüllt.

Einen, der dir Freude macht,
einen, der dir Glück bringt,
einen, der dir gute Träume schickt,
einen Engel, der dich ermuntert,
hoffnungsvoll in die Zukunft zu blicken.

Gisela Baltes

der engel

Welcher engel wird uns zeigen,
wie das leben zu bestehn?
welcher engel schenkt uns augen,
die im keim die frucht schon sehn?
wirst du für mich,
werd ich für dich der engel sein?
welcher engel öffnet ohren,
die geheimnisse verstehn?
welcher engel leiht uns flügel,
unsern himmel einzusehn?
wirst du für mich,
werd ich für dich der engel sein?

Wilhelm Willms

Weihnachtswunsch

Herr,
lass mich Worte finden,
die zu Herzen gehen,
und lass die Menschen,
die ich liebe,
mich verstehen.

Herr,
lass mich Wege finden,
die zum andern führen,
und lass die Menschen,
die mich brauchen,
durch mich deine Liebe spüren.

Gisela Baltes

Es kam ein Engel

Es kam ein Engel hell und klar
von Gott aufs Feld zur Hirtenschar;
der war gar sehr von Herzen froh
und sprach zu ihnen fröhlich so:

„Vom Himmel hoch, da komm ich her,
ich bring euch gute neue Mär;
der guten Mär bring ich so viel,
davon ich singen und sagen will.
Euch ist ein Kindlein heut geborn

von einer Jungfrau auserkorn,
ein Kindelein so zart und fein;
das soll euer Freud und Wonne sein."

Martin Luther
(1. Strophe: Valentin Triller)

Dankbar

Der Engel der Dankbarkeit
öffne deine Sinne
für all das Schöne,
das dir Weihnachten widerfährt.
Er gebe dir die richtigen Worte
der Liebe und Dankbarkeit
für alle, deren Zuneigung
dieses Fest bereichert hat.

Gisela Baltes

Weihnachtlicher Segen

Das Fest der Geburt
unseres Erlösers
erfülle dich mit Freude
und Dankbarkeit
und der Hoffnung auf den Frieden,
den die Engel verkündeten.

Gottes Gnade und Frieden,
sein Segen und Beistand mögen dich
durch das neue Jahr begleiten.

Gisela Baltes

Die Kunst des Schenkens
ist eine nahe Verwandte
der Kunst des Liebens.
Beide beglücken
den Beschenkten
auf einzigartige Weise.

Luise Meuser

Quellennachweis

Texte: Seite 6: © beim Verfasser; Seite 19: Einheitsübersetzung der Heiligen Schrift,
© 1980 Katholische Bibelanstalt, Stuttgart; Seite 22 und 43: aus: Luise Meuser,
Ich träumte den Traum einer Rose, ; © 2005 Butzon & Bercker GmbH, Kevelaer, www.bube.de;
Seite 34: aus: Wilhelm Willms, alle nächte werden hell;
© 1991 Butzon & Bercker GmbH, Kevelaer, www.bube.de

Illustrationen: Atelier Schmidt; Sternenhintergrund: © KatyaKatya – stock.adobe.com;
Sterne: © Kazy – stock.adobe.com; Zweige: © beaubelle – stock.adobe.com

Bibliografische Information der Deutschen Nationalbibliothek

Die Deutsche Nationalbibliothek verzeichnet diese Publikation
in der Deutschen Nationalbibliografie; detaillierte bibliografische Daten
sind im Internet über http://dnb.d-nb.de abrufbar.

verlagsgruppe engagement

Das Gesamtprogramm
von Butzon & Bercker
finden Sie im Internet
unter www.bube.de

ISBN 978-3-7666-2627-1

Überarbeitete Neuausgabe 2019

Umschlaggestaltung: Nicole Weidner, Kevelaer
Layout und Satz: Werner Dennesen, Weeze
Printed in China